まちごとインド

West India 001 Rajasthan
はじめてのラジャスタン

ジャイプル・ジョードプル・ジャイサルメール・ウダイプル
राजस्थान

Asia City Guide Production

【白地図】ラジャスタン州

INDIA
西インド

【白地図】ジャイプル

INDIA
西インド

ジャイプル

Rajasthan 白地図

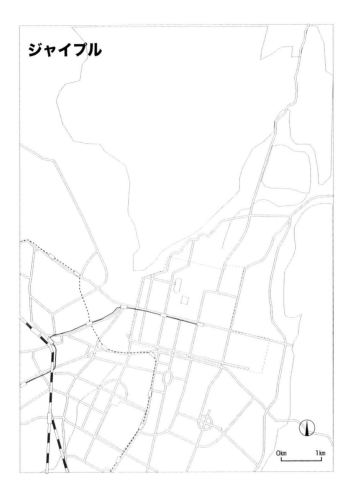

【白地図】ジャイプル旧市街

INDIA
西インド

旧市街 Rajasthan 白地図

【白地図】ジャンタルマンタル

INDIA
西インド

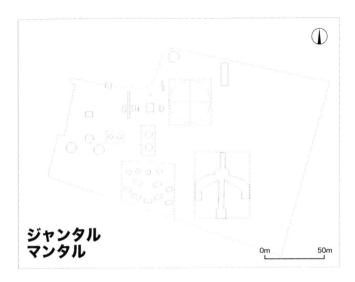

ジャンタル
マンタル

Rajasthan | 白地図

【白地図】アンベール城

INDIA
西インド

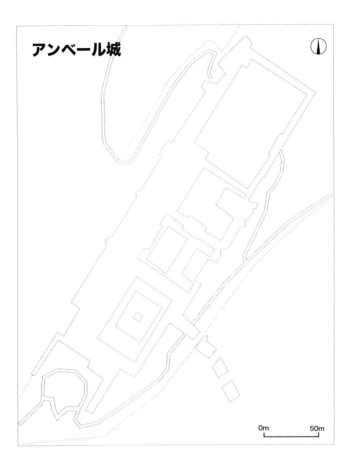

【白地図】ジョードプル

INDIA
西インド

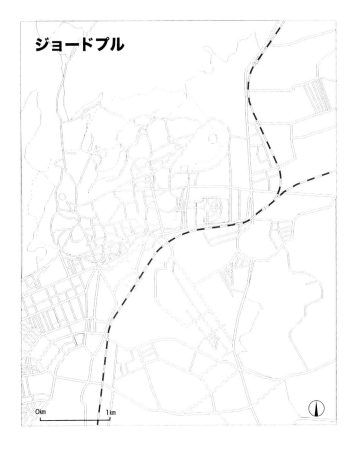

【白地図】メヘランガルフォート

INDIA
西インド

【白地図】ジャイサルメール

INDIA
西インド

ジャイサルメール

Rajasthan

白地図

0m 300m

【白地図】ウダイプル旧市街

INDIA
西インド

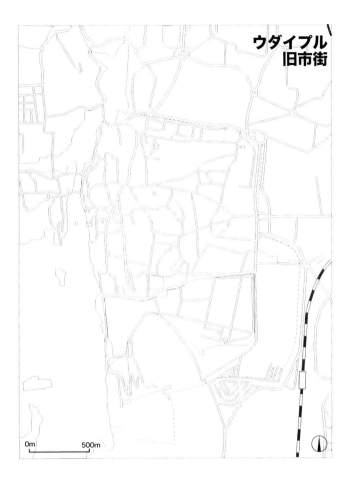

【白地図】ピチョラレイク湖畔

INDIA
西インド

【白地図】ウダイプル郊外

INDIA
西インド

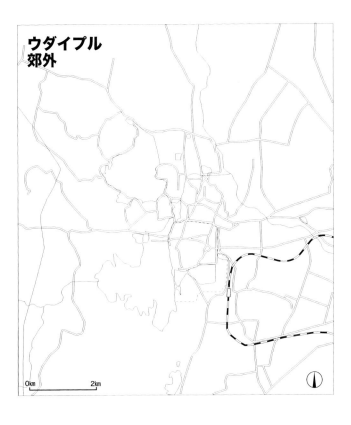

【まちごとインド】
西インド 001 はじめてのラジャスタン
西インド 002 ジャイプル
西インド 003 ジョードプル
西インド 004 ジャイサルメール
西インド 005 ウダイプル
西インド 006 アジメール（プシュカル）
西インド 007 ビカネール
西インド 008 シェカワティ

INDIA
西インド

　デリー、アーグラとともに黄金三角（ゴールデン・トライアングル）を構成するジャイプルを州都にいただくラジャスタン。インドでもっとも大きな州だが、荒漠とした大地が続き、人口密度の高くない「砂漠の国」と知られる。

　ラジャスタンとは「王（ラジャ）の地」を意味し、古代クシャトリヤの末裔を自認する誇り高き人々が暮らしてきた。マハラジャ、騎士階級ラージプートを中心とするいくつもの王国が樹立され、数百年以上に渡って互いに競いあった。

　街がピンク色に彩られたジャイプル、青色のジョードプル、

Rajasthan राजस्थान
はじめてのラジャスタン

黄金色のジャイサルメール、白色のウダイプル。それぞれの街で、贅の限りをつくしたマハラジャの宮殿、砂漠の大道芸人、色鮮やかな服装に身をまとった女性などが見られ、異国情緒あふれる世界が広がっている。

【まちごとインド】

西インド 001 はじめてのラジャスタン

目次

はじめてのラジャスタン	xxiv
王たちの大地砂漠の国	xxx
ジャイプル城市案内	xxxv
ジョードプル城市案内	lviii
名誉と悲劇の剣と炎	lxx
ジャイサルメール城市案内	lxxv
ウダイプル城市案内	lxxxviii
ラジャスタンの民俗芸能	civ

【MEMO】

【地図】ラジャスタン州

王たちの大地 砂漠の国

INDIA
西インド

「王（ラジャ）の地」を意味するラジャスタン
この地に生きる騎士階級ラージプートは
古代クシャトリアの末裔を自認する

千夜一夜物語の世界へ

砂漠の地平線をゆくラクダ、王さまの豪華な宮殿、莫大な金銀財宝、ターバンにひげの男性、大きな剣をたずさえた騎士。ラジャスタンは船乗りシンドバッドやアラジンと魔法のランプ、「ひらけゴマ！」のアリババと40人の盗賊といった『千夜一夜物語（アラビアン・ナイト）』の世界観、視覚的な印象を今に伝える。9世紀に成立したこの物語は、ペルシャを舞台とするものの、宰相の娘シェヘラザードが国王に語るという枠物語（複数の物語の形式）、動物変身譚はインド起源とされ、またイギリス統治下のインドで編纂作業が進んだと

▲左 旧市街はどこも活気にあふれている。 ▲右 美しい砂漠の縞模様と足あと

いう経緯もある。ラジャスタンでは、マハラジャの統治する諸王国が中世から20世紀まで続き、マハラジャは絶大な権力、富をにぎったため、千夜一夜物語の世界観が残されることになった。

ラージプートとは

8〜12世紀、血縁的な結合を主体としたラージプート諸国がいくつも樹立され、ムガル帝国やイギリスなどの宗主権を認めながらも、西インドで諸王国（藩王国）を20世紀まで持続させた。これら王家はジャイプルのカチャワーハ氏族、

INDIA
西インド

ジョードプルのラートール氏族、ジャイサルメールのバティ氏族、ウダイプルのシソーディア氏族というように祖先を同じくする(血縁関係にある)者たちがマハラジャ、宰相、臣下といった支配者層になる氏族国家であったことを特徴とする。ラージプートとはサンスクリット語の「ラージャプトラ(王子)」が変形したもので、イギリス統治時代のラジャスタンはラージプターナと呼ばれた。

色とりどりの都市

ラジャスタン主要都市にはマハラジャの暮らした宮殿が立

▲左　青色の外壁が続くブルー・シティ（ジョードプル）。　▲右　ラージプートの英雄譚を語り継いできた楽師

ち、それぞれ独自の文化や風習をもつ別の王国だった。アンベール王家のジャイプルは「歓迎」を意味するピンク色の「ピンク・シティ」、マールワール王家のジョードプルは「バラモン」を意味する青色の「ブルー・シティ」、ジャイサルメール王家のジャイサルメールは砂漠と同じ黄色の「ゴールデン・シティ」、メーワール王家のウダイプルは湖に映える白色の「ホワイト・シティ」と呼ばれている。それぞれの街は互いに婚姻関係を結びながら、どちらの街が優れているかと競い、嫉妬、策謀、虚栄といった愛憎関係の状態が続いた。

Guide, Jaipur
ジャイプル城市案内

ジャイプルはラジャスタン州最大の街
ジャンタル・マンタルやアンベール・フォートといった
世界遺産を抱えるインド屈指の観光地

जयपुर ; ジャイプル Jaipur [★★★]

ジャイプルは1727年、アンベール王国のマハラジャ・サワイ・ジャイ・シング2世によって建設され、街の名前はこのマハラジャに由来する。もともと王家の都は北11kmのアンベールにあったが、いち早くムガル帝国と婚姻関係を結び、首都デリーへ続く街道の走る平野に新たな都が造営された。ヒンドゥーの理想都市をふまえた碁盤の目状の街区をもっていて、街の中心に宮殿とともに天体観測を行なうジャンタル・マンタルが位置する。ムガル帝国からイギリス統治時代へ遷ると、ジャイプル藩王国の都となり、1853年、イギリスの

【地図】ジャイプル

【地図】ジャイプルの [★★★]
- [ ] アンベール・フォート Amber Fort

【地図】ジャイプルの [★★☆]
- [ ] ジャンタル・マンタル Jantar Mantar
- [ ] シティ・パレス City Palace

【地図】ジャイプルの [★☆☆]
- [ ] 旧市街 Pink City
- [ ] 中央博物館 Central Museum
- [ ] ビルラー寺院 Birla Mandir
- [ ] ガルタ Galta

【地図】ジャイプル旧市街

【地図】ジャイプル旧市街の [★★☆]
- [ ] ジャンタル・マンタル Jantar Mantar
- [ ] シティ・パレス City Palace
- [ ] ハワ・マハル（風の宮殿）Hawa Mahal

【地図】ジャイプル旧市街の [★☆☆]
- [ ] 旧市街 Pink City
- [ ] M・I・ロード Mirza Ismail Road
- [ ] 中央博物館 Central Museum

INDIA
西インド

▲左　まるで遊園地といったおもむきのジャンタル・マンタル。　▲右　リキシャの走るピンク・シティ

アルバート公訪問を機に「歓迎」を意味するピンク色で彩られた。20世紀に入るとピンク・シティ（旧市街）の南西部に新市街が整備され、1947年のインド独立以降、ジャイプルはラジャスタン州の州都となっている。

जंतर मंतर；ジャンタル・マンタル Jantar Mantar ［★★☆］

天体の動きを観測し、暦をつくったり、祭りや行事に使うための機器がならぶジャンタル・マンタル（1734年造営）。ジャイプルを造営したマハラジャ・サワイ・ジャイ・シング2世によるもので、マハラジャは天文学にも通じていた。12の

【MEMO】

【地図】ジャンタルマンタル

【地図】ジャンタルマンタルの ［★★☆］
- [ ] ジャンタル・マンタル Jantar Mantar

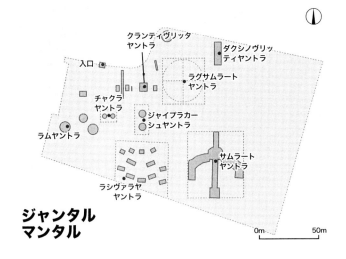

ジャンタル マンタル

天文観測機器がおかれ、円形、三角形などの特徴あるかたちをしている。このジャンタル・マンタルで調べられた星表はムガル皇帝に献上されたほか、マハラジャはデリーやバラナシにも同様の天文観測所を築いている。

さまざまな計測器

サンスクリット語でジャンタルは「機器」を、マンタルは「計測」を意味する。天体の赤道座標と地平座標をはかるジャイ・プラカーシュ・ヤントラ、黄道十二宮を観測するための機器ラシヴァラヤ・ヤントラ、高さ27m幅44mの巨大な日時計

INDIA
西インド

のサムラート・ヤントラなどがならぶ。太陽の光を受けた日時計は、2秒単位までの時間をはかることができるという。

सिटी पैलेस；シティ・パレス City Palace ［★★☆］

ジャイプルのマハラジャが今なお暮らすシティ・パレス。1733年に建てられた宮殿は、ピンク・シティのちょうど中心に立つ。マハラジャの集めた宝石や武具のコレクション、ピンク色に塗られた壁や彫刻のほどこされた窓枠、大理石の象、ターバンに髭をたくわえた門番などが見られる。またシティ・パレス北側には、王家を守護するクリシュナ神をまつ

▲左 マハラジャが今なお暮らすシティ・パレス。　▲右　門前に立つ大理石製の象

るゴーヴィンド・デーオ寺院が立つ（ムガル帝国のアウラングゼーブ帝の反ヒンドゥー政策を受け、マトゥラーからヒンドゥー教徒のマハラジャのもとへ逃れてきた）。

マハラジャの宮殿

シティ・パレスでは、趣向をこらした装飾やさまざまな展示品がならぶ。ガンジス河の水を入れた巨大な銀の壺（マハラジャがイギリス訪問にあたって帯同し、沐浴用に使った）、ラジャスタンで神聖視されている孔雀の門装飾が残るチャンドラ・マハル（月の宮殿）、衣類やサリーの展示されている

ムバラク・マハルがその代表となっている。

हवा महल;ハワ・マハル（風の宮殿）Hawa Mahal [★★☆]

シティ・パレスの東側に立つ5階建てのハワ・マハル（風の宮殿）。鮮やかなピンク色の壁面、ほどこされた装飾、ゆるやかな半円形を描く上部など、美しいたたずまいを見せる。1799年、ジャイ・シング2世に続いてマハラジャとなったサワイ・プラテープ・シングによって建てられた。窓から心地よい風が入ることから、「風の宮殿」と呼ばれ、なかから外の風景は見られるが、外からなかは見られないよう設計さ

▲左　インド・サラセン建築の傑作、中央博物館。　▲右　ピンク・シティ中心部に立つハワ・マハル（風の宮殿）

れているという。

गुलाबी शहर；旧市街 Pink City ［★☆☆］

鮮やかなピンク色で塗りあげられたジャイプルの旧市街。一辺800mの正方形ブロックが9つならび、周囲は城壁で囲まれている。各種店舗の集まってにぎわうバリー・チョウパル、旧市街の目抜き通りとなっているジョハリー・バザール、サリーや布製品の店が軒を連ねるバープー・バザールなどが位置する。

INDIA
西インド

मिर्ज़ा इस्माइल सड़क；M・I・ロード Mirza Ismail Road［★☆☆］

ジャイプル旧市街の南側を東西に走る M・I・ロード。カフェ・ニロスやインディアン・コーヒーハウス、ラッシー店などがならび、豪華な映画館ラジ・マンディル・シネマも近くに立つ。

अल्बर्ट हॉल संग्रहालय；中央博物館 Central Museum［★☆☆］

ジャイプルの街を南北に走る軸線上に立つ中央博物館（アルバート・ホール）。1876 年に建てられたインド・サラセン建築の傑作で、マハラジャの衣装、ラージプート絵画、武器や彫刻などを収蔵する博物館として開館している。

बिरला मंदिर；ビルラー寺院 Birla Mandir［★☆☆］

ジャイプル市街の南部に立つビルラー寺院。白大理石製のシカラ屋根をもち、ラクシュミー・ナラヤン神をまつる。ジャイプル近くのマールワール商人を出自とするビルラー財閥の寄進で建てられた（マールワール商人は近代以降、インド経済を掌握するほどの活躍を見せた）。

INDIA
西インド

आमेर दुर्ग ; アンベール・フォート Amber Fort ［★★★］

アンベール・フォートは1600年、マーン・シング1世によって築かれ、ジャイプル建設以前の18世紀まで、アンベール王家の宮廷はここにあった。アラワリ山脈の丘陵上に宮殿が展開し、山麓と山上の宮殿のあいだを象使いに操られた象が往来している。鮮やかな装飾の見られるガネーシャ門から宮殿地区へ入ると、四分割庭園、鏡細工の美しいシーシュ・マハル、ハーレムなどの宮殿群が続く。アンベールは王家発祥の地でもあり、ジャイプル遷都後もマハラジャはこの宮殿を離宮として使った。ジャイプルの北11kmに位置し、世界遺

【MEMO】

【地図】アンベール城の [★★★]
☐ アンベール・フォート Amber Fort

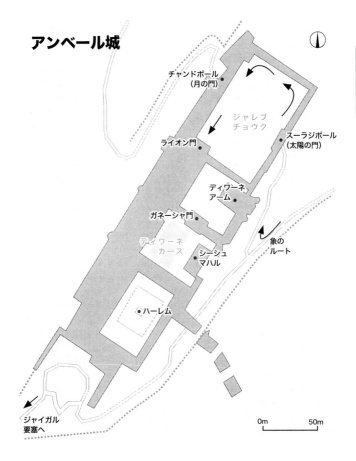

産に指定されているラジャスタンの丘陵城塞群のひとつを構成する。

जयगढ़ दुर्ग ; ジャイガル要塞 Jaigarh Fort ［★☆☆］
アンベール・フォートの南西に立つジャイガル要塞。宮殿を守る要塞のひとつで、あたりには山の稜線を利用して築かれた城壁（長城）も見える。

गलत ; ガルタ Galta ［★☆☆］
ジャイプル市街東に広がる丘陵ガルタ。太陽神をまつるヒン

▲左　アンベール城と山麓を往復する化粧をされた象。　▲右　宮殿への入口となるガネーシャ門

ドゥー寺院が立つほか、ここから市街を一望できる。

सांगानेर；サンガネール Sanganer ［★☆☆］

更紗や染めもの、絨毯といったラジャスタン伝統産業の工房が残るサンガネール。手作業のブロック・プリントを行なう職人による衣料、民芸品、多彩な文様の描かれた生地を売る店舗がならぶ。

古代クシャトリヤの末裔

騎士階級ラージプートは5世紀ごろ、フン族にともなわれ、

INDIA
西インド

インドへ侵入してきた中央アジアの外来民族などを出自とする。「太陽」を祖先とする「日種族(スーリヤ・ワンシス)」と「月」を祖先とする「月種族(チャンドラ・ワンシス)」にさかのぼる家系図をバラモンにつくらせ、支配階級バラモン、騎士階級クシャトリヤとして共存共栄をはかった(またラジャスタンのアブー山でバラモンが行なった儀式で火壺から生まれたとも言う)。クシャトリヤの身分を手にしたラージプートはヒンドゥー教の守護者となったものの、各氏族ごとに対立してまとまることができず、イスラム勢力の侵入に対して、次々に悲劇的な死をとげていった。

Guide, Jodhpur
ジョードプル
城市案内

INDIA
西インド

ラジャスタンの中央部に位置するジョードプル
青色に彩られた旧市街はブルー・シティと呼ばれ
街のすぐ外にはタール砂漠が広がる

जोधपुर ; ジョードプル Jodhpur [★★★]

タール砂漠の入口に開けたラジャスタン州第2の都市ジョードプル。1459年、ラートール・ラージプート族の王ラオ・ジョーダによって建設され、以来、マールワール王国（藩王国）の都がおかれてきた。このジョードプルの中心には、崖状の丘陵にそびえるメヘランガル・フォートが壮大なたたずまいを見せている（マハラジャの暮らした宮殿で、ひとつの巨大な山塊のように映る）。その眼下に広がる旧市街は「バラモン」を意味する青色で建物がぬられていることから、「ブルー・シティ」の愛称で親しまれている。

▲左　旧市街サルダル・マーケットから見たメヘランガル・フォート。　▲右　青く塗られた街並みが眼下に広がる

मेहरानगढ़ दुर्ग ;
メヘランガル・フォート Mehrangarh Fort ［★★★］

ラジャスタンを代表する巨大な城塞メヘランガル・フォート。高さ125mの台地上に最大30mの高さの城壁をめぐらせ、街のどこからでも視界に入るほど突出した存在感を見せる。このメヘランガル・フォートは北8kmのマンドールからジョードプルに遷都された1459年に建設され、以後、時代を追うごとに宮殿が加えられていった。ここでマハラジャやラージプート王族たちは豪勢な生活を送り、職人による精緻な彫刻、四隅の垂れさがった屋根など、ムガル帝国の影響を

【地図】ジョードプル

【地図】ジョードプルの [★★★]
☐ メヘランガル・フォート Mehrangarh Fort

【地図】ジョードプルの [★★☆]
☐ ジャスワント・タダ Jaswant Thada
☐ ウメイド・バワン・パレス Umaid Bhawan Palace

【地図】ジョードプルの [★☆☆]
☐ 旧市街 Old Jodhpur

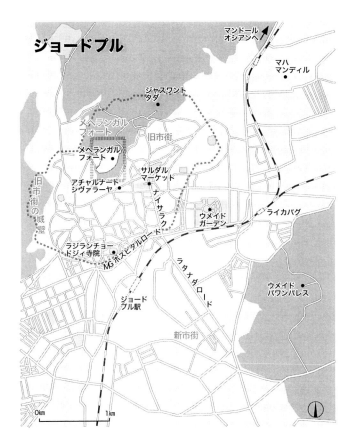

【地図】メヘランガルフォートの [★★★]
□ メヘランガル・フォート Mehrangarh Fort

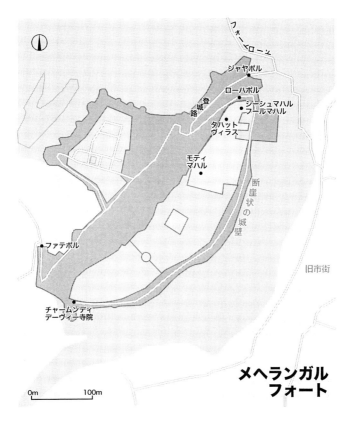

INDIA
西インド

受けたラージプート建築が見られる。現在は博物館として開館し、マハラジャの輿や武具の展示とともに、美しい金銀細工で彩られた宮殿群も残る。

メヘランガル・フォートの構成

メヘランガル・フォートへの登城路には、ジャヤ・ポル(勝利の門)から、ローハ・ポル(鉄の門)まで7つの門が続く。鏡細工に彩られたシーシュ・マハル、「花の間」を意味するフール・マハル、ヨーロッパ宮殿の影響も見えるタハット・ヴィラス、ステンド・グラスが鮮やかなモティ・マハルといった

▲左 ヒンドゥーとイスラムの融合したラージプート建築。 ▲右 ターバンを身につけた男性

宮殿のほか、王家の守護神をまつったチャームンディ・デーヴィー女神寺院も立つ。

जसवंत थड़ा;ジャスワント・タダ Jaswant Thada [★★☆]

「マールワール（ジョードプル）のタージ・マハル」にもたとえられるジャスワント・タダ。19世紀にジョードプルを統治したマハラジャ・ジャスワント・シング2世の墓廟で、1899年、息子のマハラジャ・サルダル・シングによって建設された。白大理石の使われた建物はヒンドゥー寺院のようなシカラ屋根をもち、ここからはメヘランガル・フォートの

INDIA
西インド

雄大な姿も視界に入る。

पुरानी जोधपुर ; 旧市街 Old Jodhpur ［★☆☆］

15世紀以来、マールワール王国の城下町となってきたジョードプル旧市街。周囲に10kmの城壁がめぐらされ、中心にはクロック・タワーが立つ。このクロック・タワーの周囲はこの街でもっともにぎわうサルダル・マーケットとなっているほか、旧市街にはラジ・ランチョードジィ寺院、アチャルナート・シヴァラーヤ寺院といった古いヒンドゥー寺院も残る。

▲左　マハラジャの宮殿ウメイド・バワン・パレス。　▲右　白大理石の墓廟ジャスワント・タダ

उम्मेद भवन पैलेस；
ウメイド・バワン・パレス Umaid Bhawan Palace ［★★☆］

ジョードプルのマハラジャが今も暮らすウメイド・バワン・パレス。インドとヨーロッパの建築が融合したインド・サラセン様式で建てられ、黄色砂岩と大理石による堂々としたたたずまいを見せる。この宮殿はマハラジャ・ウメイド・シングによって、20世紀初頭、飢饉に苦しむ人々の雇用対策をかねて建立され、1944年に完成した。マハラジャの玉座や肖像画、調度品などが展示された博物館として開館している。

INDIA
西インド

मंडोर；マンドール Mandore ［★☆☆］

マンドールはジョードプル創建以前のマールワール王国の都。イスラム勢力の前に敗れ去ったガーハダヴァラーラ朝の血統をひくラートール・ラージプート族は、ラジャスタンの砂漠地帯に逃れ、1212年、この地で氏族国家を樹立した。現在は、ヒンドゥー寺院のようなたたずまいをした王家の墓廟が残る公園となっている。ジョードプルの北8kmに位置する。

名誉と悲劇の剣と炎

INDIA
西インド

降伏よりは死を、次々に玉砕する男たちと
集団で火中に身を投げる女性
他のインドでは見られない文化や慣習も残る

古い価値観の残る場所

ラジャスタン州はデリーからウッタル・プラデシュ州、ビハール州へ続く北インドのヒンディー・ベルトと言われる一帯を構成する（多様な言語が話されているインドにあって、ラジャスタニ語とヒンディー語は通じる）。ラジャスタンではマハラジャやラージプートは人々を守る、人々はマハラジャやラージプートに尽くす、といった封建的な考え、また女性は男性に仕えるといった男尊女卑、高額なダウリー（女性の結婚持参金）、幼児婚や寡婦殉死のサティなどの慣習が根強く残る。そのため南インドなどの他州にくらべて、女性の社

Rajasthan｜名誉と悲劇の剣と炎

会進出や経済発展は遅れることになった。

誇り高きラージプート

「鋤をとるあいだも剣を離さない」と言われるほど、尚武の気質をもったラージプート男性。このラージプート精神は中世のイスラム勢力の侵入を前に、最前線となったこの地で悲劇的に発揮された。大軍を前に勝ち目が薄くなったラージプートは、開門して城の外で玉砕するという戦法をとり、敗北よりも名誉の死を選んできた（最後のひとりになるまで戦い、女性は集団で炎のなかに飛びこんだ）。こうした尚武の

INDIA
西インド

気質は、ペルシャや中央アジアから繰り返し異民族が侵入してきた西インドの地域性、また「インドの民を守る」古代クシャトリヤを自認する名誉と関係するという。

美しさと、貞淑さと

夫に仕える妻の貞操観念、人前に出ない女性隔離、教育の機会不均衡などが指摘されるラジャスタン女性。先立った夫のあとを追って生きたまま火中に身を投げるサティ（寡婦殉死）は、20世紀以降もラジャスタンで頻発している（16世紀ごろマハラジャの死にあわせて、王妃たちがサティを行なった

▲左　砂漠地帯に生きる子どもたち。　▲右　花がらのブロックプリントが印象的な衣装

が、イギリス統治時代に非人道的だとして禁止された)。ラジャスタンで集中的にサティが起こるという事実は、寡婦は井戸水を汲みに行くことすらはばかられるラジャスタン女性の社会的地位の低さが影響しているという。一方で、額飾りや鼻のピアス、イヤリング、ネックレスなどの宝石や金銀細工、ブロック・プリントのほどこされた鮮やかな衣装をまとったラジャスタン女性のファッション感度の高さも知られる。

Guide, Jaisalmer
ジャイサルメール城市案内

どこまでも続くタール砂漠に
突如現れる、砂岩一色で彩られた
砂漠の王国ジャイサルメール

जैसलमेर；ジャイサルメール Jaisalmer ［★★★］

インドとパキスタンにまたがるタール砂漠のちょうど真んなかに位置するジャイサルメール。1156年、バティ・ラージプートの王ラオ・ジャイサルによってつくられて以来、街はインドとペルシャを結ぶ隊商都市として繁栄をきわめていた。こうしたなか1869年のスエズ運河開通による海運の隆盛、1947年の印パ分離独立によってひかれた国境線によって街は急速に衰退した。現在は中世以来の街並みを保存する観光都市となっていて、黄色砂岩で建てられたフォート、宮殿、邸宅が、太陽の光を受けて黄金色に輝くことから「ゴー

INDIA
西インド

ルデン・シティ」と呼ばれる。

जैसलमेर का किला ;
ジャイサルメール・フォート Jaisalmer Fort［★★★］

高さ70mの台地に立つジャイサルメール・フォート。99の半円形稜堡を城壁にそなえ、地上から浮かぶような姿を見せている。1156年に建設されたフォートは、ラジャスタンではチットールガルの次に古いと言われ、城塞内に宮殿はじめ、商店や寺院などを包括する。世界遺産に指定されているラジャスタンの丘陵城塞群のひとつを構成している。

【MEMO】

【地図】ジャイサルメール

【地図】ジャイサルメールの [★★★]
- [ ] ジャイサルメール・フォート Jaisalmer Fort

【地図】ジャイサルメールの [★★☆]
- [ ] ロイヤル・パレス Royal Palace
- [ ] ジャイナ寺院 Jain Temple
- [ ] パドウォン・ハーヴェリー Patwon Ki Haveli

【地図】ジャイサルメールの [★☆☆]
- [ ] サリームシン・ハーヴェリー Salim Singh Ki Haveli
- [ ] ガディサール湖 Gadsisar Lake
- [ ] サンセット・ポイント Sunset Point

INDIA
西インド

इसमें महलों ; ロイヤル・パレス Royal Palace [★★☆]

ジャイサルメール・フォートの中心に立つロイヤル・パレス。ジャイサルメール王家の暮らしたガジ・ヴィラス、ゼナナ・マハル、モティ・マハルといった宮殿が連続し、現在は博物館として開館している。こじんまりとしているが、見事な彫刻で彩られた宮殿で、パレス前には人々が集まる中庭、謁見所が位置する。このロイヤル・パレス上層からはジャイサルメール市街が一望できる。

▲左　ムガル建築の影響を受けた、四隅の垂れさがった屋根。　▲右　高さ70mの三角形の台地に立つフォート

जैन मंदिर；ジャイナ寺院 Jain Temple ［★★☆］

ジャイナ教徒は隊商都市ジャイサルメールの経済をにぎっていたと言われ、周囲には7つのジャイナ寺院が集まる（不殺生の教えから多くのジャイナ教徒が商人となった）。中央のジャイナ寺院は15世紀に建立されたもので、前殿、本殿とも隙間のないほど装飾がほどこされている。11〜12世紀のソーランキー朝のもとで西インドにジャイナ教が広がり、ラジャスタンやグジャラートではジャイナ教は強い影響力をもつ。

INDIA
西インド

पटवों की हवेली;
パドウォン・ハーヴェリー Patwon Ki Haveli [★★☆]

ジャイサルメールに拠点を構えたジャイナ教徒の豪商パトゥアー・グマン・チャンドの邸宅パドウォン・ハーヴェリー。1805年に建てられたこのハーヴェリーは、中庭をもち、太陽の光をさけるため周囲を厚い壁でおおわれている。当時の商人が築いた莫大な富がそそぎこまれ、玄関口、壁面、窓枠にびっしりと彫刻がほどこされている。現在は博物館として開館していて、1階の広場には大道芸人や売り子の姿が見える。

▲左 ジャイサルメールでもっとも贅沢な邸宅パドウォン・ハーヴェリー。
▲右 路地の両脇にジャイナ教寺院がならぶ

सालिम सिंह की हवेली ;
サリームシン・ハーヴェリー Salim Singh Ki Haveli [★☆☆]

ジャイサルメール王国の宰相だったモフタ家の邸宅サリームシン・ハーヴェリー。19世紀に現在の姿となり、最上部には空に浮かぶジャハズ・マハル（船の宮殿）が立つ。

गदिसर लेक ; ガディサール湖 Gadsisar Lake [★☆☆]

ガディサール湖はジャイサルメール市街近くに広がるオアシス。古くジャイサルメール王家の都は北西15kmのロドルヴァにあったが、1156年、ガディサール湖のそばに新たな都ジャ

INDIA
西インド

イサルメールが築かれた。人々の集まる憩いの場となっていて、湖の中央にはチャトリが立つ。

सूर्यास्त प्वाइंट;サンセット・ポイント Sunset Point[★☆☆]

市街北西の丘陵を利用したサンセット・ポイント。砂漠に沈む夕陽を見ることができる。

बड़ा बाग ; バダ・バーグ Bada Bag [★☆☆]

ジャイサルメール西郊外の王室墓苑バダ・バーグ。イスラム教の影響を受けて、ラジャスタンでは王族の墓がつくられる

▲左　砂漠のオアシス、ガディサール湖。　▲右　キャメル・サファリで砂漠へ繰り出す

ようになり、このバダ・バーグは16世紀に整備された。

キャメル・サファリ

1年を通してほとんど雨の降らない過酷な環境のなか、ジャイサルメールの人々はラクダを「砂漠の船」として利用してきた。このラクダは100キロの荷物を乗せて1日30km歩ける体力、背中の脂肪（コブ）を使って水を数日飲まなくてもよい性質などをもつ。ジャイサルメールはラクダに乗って砂漠を旅するキャメル・サファリの拠点となっている。

INDIA
西インド

सैम रेत टिब्बा ; サム村 Sam Sand Dunes [★☆☆]

パキスタンとの国境まで50kmほどに位置するタール砂漠の集落サム村。美しい砂丘が広がり、キャメル・サファリの拠点となっている。

खुरी रेत टिब्बा ; クーリー村 Khuri Sand Dunes [★☆☆]

クーリー村はタール砂漠にたたずむ小さな集落。この地方の伝統的な民家や壁面の民俗画が見られ、キャメル・サファリを目的に訪れる人の姿がある。ジャイサルメールの南西50kmに位置する。

Guide, Udaipur
ウダイプル
城市案内

INDIA
西インド

ウダイプルは美しい湖畔の街
ラジャスタンの人々から
憧憬のまなざしを受ける「水の都」

उदयपुर ; ウダイプル Udaipur ［★★★］

数々の人造湖、ダムを水路でつないだ美しい水の都ウダイプル。アラワリ山脈の東麓の湿潤地帯に位置し、1559年、メーワール王家のウダイ・シング2世によって築かれた（1568年遷都）。このメーワール王家は36のラージプート諸族のなかでもっとも高貴とされ、すべてのラージプートの盟主的存在と見られてきた。ウダイプル建設以前の古都チットールガル（東100km）がイスラム勢力の侵攻を受けたとき、数万人規模の死者を出しながらも敗北を認めず、最後のひとりになるまで戦った。こうした尚武の精神から、メーワール王は「偉大な王」マハラジャ

ウダイプル城市案内

ではなく、「偉大な武将」マハラナと呼ばれてきた。マハラナの統治するウダイプルではムガル帝国、イギリス統治時代も半独立状態が続き、1947年、ラジャスタン州に編入された。

सिटी पैलेस；シティ・パレス City Palace ［★★★］

ピチョラ・レイク湖畔に立つメーワール王家の宮殿シティ・パレス。1559年に建てられて以来、いくども増改築を続け、南北450m、東西240 m、6階建ての高さというラジャスタン最大の規模をもつ。トリポリア門よりなかに入ると、ヒンドゥーのラージプート建築、イスラムのムガル建築、ヨーロッ

【地図】ウダイプル旧市街

【地図】ウダイプル旧市街の [★★★]
- [ ] シティ・パレス City Palace

【地図】ウダイプル旧市街の [★★☆]
- [ ] ジャグデーシュ寺院 Jagdish Mandir

【地図】ウダイプル旧市街の [★☆☆]
- [ ] ピチョラ・レイク Pichola Lake
- [ ] 旧市街 Old Udaipur
- [ ] バゴーレ・ハヴェーリー Bagore Ki Haveli

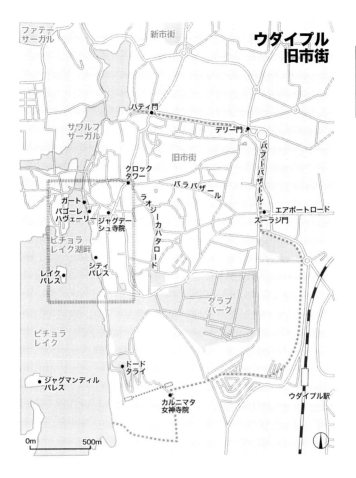

【地図】ピチョラレイク湖畔

【地図】ピチョラレイク湖畔の [★★★]
- [ ] シティ・パレス City Palace

【地図】ピチョラレイク湖畔の [★★☆]
- [ ] ジャグデーシュ寺院 Jagdish Mandir

【地図】ピチョラレイク湖畔の [★☆☆]
- [ ] ピチョラ・レイク Pichola Lake
- [ ] バゴーレ・ハヴェーリー Bagore Ki Haveli

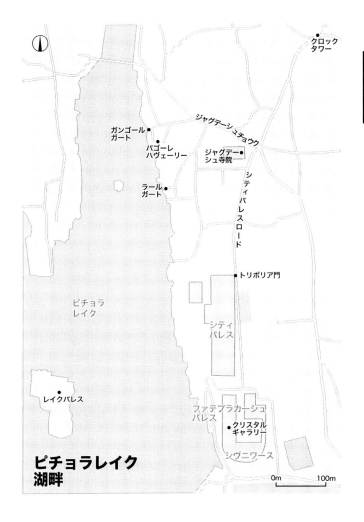

INDIA
西インド

パ建築が融合した美しい宮殿群が展開する。宮殿内には孔雀の見事な彫刻の残るモル・チョウク、マハラジャの調度品、ラージプート絵画などのならぶ博物館として開館している。

インド最高峰の宮殿群

1947年以降、ウダイプルのメーワール王家の宮殿群は博物館やホテルとして開館することになった。ウダイプルのシティ・パレスは博物館に、その南側のシヴ・ニワースとファテ・プラカーシュ・パレスはホテルとして利用されている。ファテ・プラカーシュ・パレスにはマハラナの集めた最高級の調

▲左　ピチョラ・レイクと湖上のレイク・パレス。　▲右　白亜の宮殿シティ・パレス

度品が見られるクリスタル・ギャラリーも残っている。

पिछोला झील；ピチョラ・レイク Pichola Lake ［★☆☆］

豊かな水をたる人造湖ピチョラ・レイク。ウダイプルが建設されてまもなくの1560年に現在の姿となり、貯水湖や軍事上の役割を果たしてきた。1746年の建造のレイク・パレス、ジャグ・マンディル・パレスがピチョラ・レイクに浮かぶ（レイク・パレスはホテルとして開館している）。またこのピチョラ・レイクにのぞむガンゴール・ガートでは沐浴をする人や大道芸人も集まる。

INDIA
西インド

पुरानी उदयपुर ; 旧市街 Old Udaipur ［★☆☆］

周囲を城壁で囲まれたウダイプルの旧市街。現在はいくつかの城門や城壁が撤去されているものの、16世紀以来の街区を伝える。東のスーラジ門から伸びるバダ・バザールには野菜市場、クロック・タワーなどが位置する。

जगदीश मंदिर ; ジャグデーシュ寺院 Jagdish Mandir［★★☆］

ウダイプル旧市街に立つ白のシカラ屋根が印象的なジャグデーシュ寺院。1651年、ジャガット・シング王によって建てられ、ラクシュミー・ナラヤン神がまつられている。

▲左　博物館として開館しているバゴーレ・ハヴェーリー。　▲右　ジャグデーシュ寺院はウダイプル最大のヒンドゥー寺院

बागोर की हवेली;
バゴーレ・ハヴェーリー Bagore Ki Haveli ［★☆☆］

バゴーレ・ハヴェーリーは、メーワール王国の宰相アミール・チャンド・バドワの邸宅跡。18世紀に建てられ、中庭を中心に周囲に100もの部屋がならぶ。現在は博物館として開館している。

सहेलियों की बाड़ी;
サヘリヨン・バリ（侍女の庭）Saheliyon Ki Bari ［★☆☆］

18世紀、サングラム・シング2世によって造営されたサヘ

INDIA
西インド

▲左　ウダイプルを代表する庭園のサヘリヨン・バリ（侍女の庭）。　▲右　一風変わった展示も見られるロク・カラ・マンディル民俗博物館

リヨン・バリ（侍女の庭）。池の中心に立つチャトリ、噴水や大理石の象など嗜好をこらした庭園となっている。

भारतीय लोक कला मंडल；
ロク・カラ・マンディル民俗博物館
Bhartiya Lok Kala Mandir [★☆☆]

ウダイプルを中心とするメーワール地方の民俗や細密画、衣装などを収蔵するロク・カラ・マンディル民俗博物館（バリティア・ロク・カラ・マンディル）。丘陵部に生きる先住民族のビール族やこの地方の伝統芸能にまつわる展示も見られる。

【MEMO】

【地図】ウダイプル郊外

【地図】ウダイプル郊外の [★★★]
- ☐ シティ・パレス City Palace

【地図】ウダイプル郊外の [★★☆]
- ☐ ジャグデーシュ寺院 Jagdish Mandir

【地図】ウダイプル郊外の [★☆☆]
- ☐ サヘリヨン・バリ（侍女の庭）Saheliyon Ki Bari
- ☐ ロク・カラ・マンディル民俗博物館 Bhartiya Lok Kala Mandir
- ☐ ネルー公園 Nehru Garden
- ☐ シルプグラム Silpgram
- ☐ ピチョラ・レイク Pichola Lake
- ☐ 旧市街 Old Udaipur

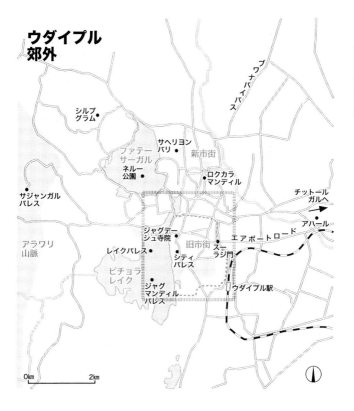

INDIA
西インド

नेहरू गार्डन ; ネルー公園 Nehru Garden [★☆☆]

ピチョラ・レイクの北側に広がるファテー・サーガルの湖上に立つネルー公園。ファテー・サーガルは1678年に整備され、あたりは美しい景色が広がっている。

शिल्पग्राम ; シルプグラム Silpgram [★☆☆]

メーワール地方の民族衣装、刺繍やビーズ、工芸品などをあつかう集落シルプグラム。ラジャスタンのほか、グジャラートやマハラシュトラなど西インド全般の伝統工芸も見られる。ウダイプルの北西3kmに位置する。

ラジャスタンの民俗芸能

INDIA 西インド

街を彩る建物の彫刻や人々の服装
人々を楽しませる音楽や絵画
王朝文化と民間芸術の双方が息づいてきた

砂漠の楽師

街から街、集落から集落を訪ねて音楽を演奏する砂漠の楽師に出合えるラジャスタン。小型オルガン、弦楽器、両面太鼓などの演奏で人々を楽しませ、ラジャスタン地方に伝わるラージプート英雄譚や恋物語を歌い継いでいる。ラジャスタンでは音楽師のほかにも、蛇使い、手品師、人形芝居といった芸能の伝統が残り、ヨーロッパやバルカン半島に広く分布するロマ（ジプシー）はインド、ラジャスタン州を原郷とするという。

▲左　孔雀はラジャスタンの「幸福の鳥」。　▲右　足先にも気を使う女の子のファッション

ラジャスタン地方の絵画

ラジャスタンでは、ムガル絵画とならび称されるラージプート絵画、民家の壁面に神さまや文様を描く民間伝承の壁絵の伝統が残る。西インドでは古くからジャイナ教徒が葉っぱの経典に絵画を描く伝統もあり、12世紀にイスラム教徒によって紙の製法がもたらされた。ラージプート絵画（細密画）は、クリシュナ神の物語やマハラジャの武勇といったテーマとし、16世紀ごろから19世紀にかけて描かれた。横顔で大きな目、太い輪郭線などを特徴とするが、やがてムガル絵画の影響もあって立体的な人物も描かれるようになった。

INDIA
西インド

ラージプート建築

ラージプートの宮殿建築は、16〜19世紀にアーグラやデリーを都においたムガル帝国の影響を受けている（ウダイプルをのぞくラージプート諸国は、ムガルと婚姻関係を結んだ）。ムガル帝国の皇帝は中央アジアを出自とするイスラム教徒で、ペルシャ風の宮殿、四分割庭園、中庭をもつ邸宅ハーヴェリーが北インドにもちこまれた。第3代アクバル帝が征服したベンガル地方の隅の垂れさがった屋根、精緻な彫刻を柱、窓枠、壁面にほどこすグジャラート地方のもの、イスラム教のドーム建築など、ヒンドゥーとイスラムが融合している。

Rajasthan ラジャスタンの民俗芸能

ラジャスタンで
見られる文様

INDIA
西インド

ムガル建築が左右対称であるのに対して、ラージプート建築では複数の宮殿が複雑に入り組む様式となっている。またヒンドゥー教徒は本来、墓をつくらないが、ラジャスタンではムガル帝国の影響から街の郊外に王族たちの墓をつくられてきた。

Rajasthan

ラジャスタンの民俗芸能

参考文献

『北インド』(辛島昇・坂田貞二 / 山川出版社)

『インド建築案内』(神谷武夫 /TOTO 出版)

『印度藩王国』(ウイリアム・バートン / 中川書房)

『ムガル帝国から英領インドへ』(佐藤正哲 / 中央公論社)

『アラビアン・ナイトと日本人』(杉田英明 / 岩波書店)

『世界大百科事典』(平凡社)

[PDF] ジャイプル地下鉄路線図 http://machigotopub.com/pdf/jaipurmetro.pdf

まちごとパブリッシングの旅行ガイド

Machigoto INDIA , Machigoto ASIA , Machigoto CHINA

【北インド - まちごとインド】

001 はじめての北インド
002 はじめてのデリー
003 オールド・デリー
004 ニュー・デリー
005 南デリー
012 アーグラ
013 ファテープル・シークリー
014 バラナシ
015 サールナート
022 カージュラホ
032 アムリトサル

【西インド - まちごとインド】

001 はじめてのラジャスタン
002 ジャイプル
003 ジョードプル
004 ジャイサルメール
005 ウダイプル
006 アジメール（プシュカル）
007 ビカネール
008 シェカワティ
011 はじめてのマハラシュトラ
012 ムンバイ
013 プネー
014 アウランガバード
015 エローラ
016 アジャンタ
021 はじめてのグジャラート
022 アーメダバード
023 ヴァドダラー（チャンパネール）
024 ブジ（カッチ地方）

【東インド - まちごとインド】

002 コルカタ
012 ブッダガヤ

【南インド - まちごとインド】

001 はじめてのタミルナードゥ
002 チェンナイ
003 カーンチプラム
004 マハーバリプラム
005 タンジャヴール
006 クンバコナムとカーヴェリー・デルタ
007 ティルチラパッリ
008 マドゥライ
009 ラーメシュワラム
010 カニャークマリ
021 はじめてのケーララ
022 ティルヴァナンタプラム
023 バックウォーター（コッラム～アラップーザ）
024 コーチ（コーチン）
025 トリシュール

【ネパール - まちごとアジア】

001 はじめてのカトマンズ
002 カトマンズ
003 スワヤンブナート

004 パタン
005 バクタプル
006 ポカラ
007 ルンビニ
008 チトワン国立公園

【バングラデシュ - まちごとアジア】

001 はじめてのバングラデシュ
002 ダッカ
003 バゲルハット（クルナ）
004 シュンドルボン
005 プティア
006 モハスタン（ボグラ）
007 パハルプール

【パキスタン - まちごとアジア】

002 フンザ
003 ギルギット（KKH）
004 ラホール
005 ハラッパ
006 ムルタン

【イラン - まちごとアジア】

001 はじめてのイラン
002 テヘラン
003 イスファハン
004 シーラーズ
005 ペルセポリス
006 パサルガダエ（ナグシェ・ロスタム）
007 ヤズド
008 チョガ・ザンビル（アフヴァーズ）
009 タブリーズ

010 アルダビール

【北京 - まちごとチャイナ】

001 はじめての北京
002 故宮（天安門広場）
003 胡同と旧皇城
004 天壇と旧崇文区
005 瑠璃廠と旧宣武区
006 王府井と市街東部
007 北京動物園と市街西部
008 頤和園と西山
009 盧溝橋と周口店
010 万里の長城と明十三陵

【天津 - まちごとチャイナ】

001 はじめての天津
002 天津市街
003 浜海新区と市街南部
004 薊県と清東陵

【上海 - まちごとチャイナ】

001 はじめての上海
002 浦東新区
003 外灘と南京東路
004 淮海路と市街西部
005 虹口と市街北部
006 上海郊外（龍華・七宝・松江・嘉定）
007 水郷地帯（朱家角・周荘・同里・甪直）

【河北省 - まちごとチャイナ】

001 はじめての河北省
002 石家荘
003 秦皇島
004 承徳
005 張家口
006 保定
007 邯鄲

【江蘇省 - まちごとチャイナ】

001 はじめての江蘇省
002 はじめての蘇州
003 蘇州旧城
004 蘇州郊外と開発区
005 無錫
006 揚州
007 鎮江
008 はじめての南京
009 南京旧城
010 南京紫金山と下関
011 雨花台と南京郊外・開発区
012 徐州

【浙江省 - まちごとチャイナ】

001 はじめての浙江省
002 はじめての杭州
003 西湖と山林杭州
004 杭州旧城と開発区
005 紹興
006 はじめての寧波
007 寧波旧城
008 寧波郊外と開発区
009 普陀山
010 天台山
011 温州

【福建省 - まちごとチャイナ】

001 はじめての福建省
002 はじめての福州
003 福州旧城
004 福州郊外と開発区
005 武夷山
006 泉州
007 厦門
008 客家土楼

【広東省 - まちごとチャイナ】

001 はじめての広東省
002 はじめての広州
003 広州古城
004 天河と広州郊外
005 深圳(深セン)
006 東莞
007 開平(江門)
008 韶関
009 はじめての潮汕
010 潮州
011 汕頭

【遼寧省 - まちごとチャイナ】

001 はじめての遼寧省
002 はじめての大連
003 大連市街
004 旅順
005 金州新区

006 はじめての瀋陽
007 瀋陽故宮と旧市街
008 瀋陽駅と市街地
009 北陵と瀋陽郊外
010 撫順

【重慶 - まちごとチャイナ】

001 はじめての重慶
002 重慶市街
003 三峡下り（重慶〜宜昌）
004 大足

【香港 - まちごとチャイナ】

001 はじめての香港
002 中環と香港島北岸
003 上環と香港島南岸
004 尖沙咀と九龍市街
005 九龍城と九龍郊外
006 新界
007 ランタオ島と島嶼部

【マカオ - まちごとチャイナ】

001 はじめてのマカオ
002 セナド広場とマカオ中心部
003 媽閣廟とマカオ半島南部
004 東望洋山とマカオ半島北部
005 新口岸とタイパ・コロアン

【Juo-Mujin（電子書籍のみ）】

Juo-Mujin 香港縦横無尽
Juo-Mujin 北京縦横無尽
Juo-Mujin 上海縦横無尽

【自力旅游中国 Tabisuru CHINA】

001 バスに揺られて「自力で長城」
002 バスに揺られて「自力で石家荘」
003 バスに揺られて「自力で承徳」
004 船に揺られて「自力で普陀山」
005 バスに揺られて「自力で天台山」
006 バスに揺られて「自力で秦皇島」
007 バスに揺られて「自力で張家口」
008 バスに揺られて「自力で邯鄲」
009 バスに揺られて「自力で保定」
010 バスに揺られて「自力で清東陵」
011 バスに揺られて「自力で潮州」
012 バスに揺られて「自力で汕頭」
013 バスに揺られて「自力で温州」

【車輪はつばさ】
南インドのアイラヴァテシュワラ寺院には建築本体に車輪がついていて寺院に乗った神さまが人びとの想いを運ぶと言います。

・本書はオンデマンド印刷で作成されています。
・本書の内容に関するご意見、お問い合わせは、発行元の
　まちごとパブリッシング info@machigotopub.com までお願いします。

まちごとインド
西インド001はじめてのラジャスタン
～ジャイプル・ジョードプル・ジャイサルメール・ウダイプル［モノクロノートブック版］

2017年11月14日　発行

著　者	「アジア城市（まち）案内」制作委員会
発行者	赤松　耕次
発行所	まちごとパブリッシング株式会社 〒181-0013　東京都三鷹市下連雀4-4-36 URL http://www.machigotopub.com/
発売元	株式会社デジタルパブリッシングサービス 〒162-0812　東京都新宿区西五軒町11-13 清水ビル3F
印刷・製本	株式会社デジタルパブリッシングサービス URL http://www.d-pub.co.jp/

MP014

ISBN978-4-86143-148-7　C0326　　　　Printed in Japan
本書の無断複製複写（コピー）は、著作権法上での例外を除き、禁じられています。